W0236767

Carola Rönneburg (Hg.)

OBEN LAG DER APENNIN

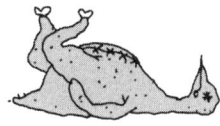

UNTEN LEGTE ICH MICH HIN

Feine Reime

**Mit Zeichnungen von
Anna Zimmermann**

Edition Nautilus

Edition Nautilus Verlag Lutz Schulenburg
Am Brink 10 · D-21029 Hamburg
Alle Rechte vorbehalten · © Lutz Schulenburg 1998
1. Auflage 1998 · ISBN: 3-89401-291-9
Printed in Germany

Wie alles begann

Die Wahrheit spricht / im Reimgedicht: Seit gut zwei Jahren erscheinen auf der »Wahrheit«, der letzten Seite der »taz«, regelmäßig Gedichte. Die ersten, sorgfältig erstellten Reime, von »taz«-Layoutern liebevoll mit Blümchenrahmen versehen, betrachtete ich als angemessene Antwort auf das ewige Deutschlehrertum in den Feuilletons der Republik, wo Leser immer noch mit kanontauglicher Lyrik inklusive unumstößlicher Interpretation traktiert werden.

Wider Erwarten aber verselbständigte sich die Reimproduktion – was eigentlich als Intermezzo gedacht war, wurde aufgrund der regen Reimerei von »Wahrheit«-Autoren zu einer Rubrik. Zum Erscheinungstag wurde der Donnerstag bestimmt; eine Regel, die bis heute mehrfach und gern gebrochen wurde. Als alles begann, habe ich jedoch eine Unterregel der Regel aufgestellt, die jederzeit wieder in Kraft treten kann: Wenn es kein gutes Gedicht gibt, gibt es kein Gedicht. Für eine Tageszeitungsredakteurin, die jeden Tag ihre Seite zu füllen und oftmals unter der Langweiligkeit der Welt zu leiden hat, ist diese Entscheidung der Inbegriff von Luxus.

Aber genauso ist es gewesen. Jedes Gedicht, das ich begutachtet und dann auch veröffentlicht habe, gefällt mir – und deshalb wird der aufmerksame Reimforscher im »taz«-Archiv auch auf gedichtefreie Wochen stoßen. Inzwischen jedoch, dank kontinuierlicher Mitarbeit der hier vorgestellten Dichter und Dichterinnen, ist der Donnerstag selten reimfrei. Mehr noch: Bisweilen entstehen sogar Verse zu aktuellen Anlässen.

Länge, Versform und Thema unterliegen übrigens keinen Gesetzen. Dennoch, so scheint es, hegt dieser Lyrikerzirkel einige höchst seltsame Vorlieben. Auffallend häufig zum Beispiel beschäftigen sich seine Mitglieder mit Nahrungsmitteln und selbstherbeigeführten Rauschzuständen; gern ist von Wetterfühligkeit die Rede, was wiederum den Hang zu Frankreichreisen erklären mag; schließlich spielen neben der Liebe und der Politik vor allem Tiere eine Rolle – ich glaube, wir haben nichts wirklich Wichtiges ausgelassen.

Die Reaktionen der »taz«-Leser bestätigen diese Einschätzung. Lob und Empörung, erfreulicherweise in starkem Ungleichgewicht, fallen meistens heftig aus. Ein einziges Mal allerdings war ich gezwungen, mich dem Presserecht zu beugen: als nämlich Hannah W. scharfe Kritik an Fritz Eckengas Novemberschmähung übte, die sie »sowas von doof« fand, hatte die junge Leserin doch just in diesem Monat ihren neunten Geburtstag gefeiert. Der November habe auch seine guten Seiten, erinnerte Hannah W., »weil da soviel Nebel ist«. Außerdem könne man nach Novemberspaziergängen »Kakao oder Tee im Jogginganzug trinken«. Man wird verstehen, daß Fritz Eckenga unter diesen Umständen schon am nächsten Donnerstag widerrufen mußte.

Die Frage, wie die feinen Reime in angemessener Form präsentiert werden könnten, hat F. W. Bernstein beantwortet, indem er mich mit Anna Zimmermann bekanntmachte. Erst mit ihren schönen Illustrationen ist dieses Buch wirklich komplett, und ich bitte zu beachten, daß Anna Zimmermann ihre Beiträge nicht gezeichnet, sondern in Gummiblöcke geschnitzt hat: Diese Gedichtesammlung ist nicht bebildert, sondern bestempelt.

In der Reihe der Dichter und Stempler fehlt nun nur noch die Beraterin in Zweifelsfragen und Expertin für Albernes: meine »Wahrheit«-Kollegin Barbara Häusler. Häuslerin! Ich danke Ihn'!

Carola Rönneburg

38 Fragen an Michael Brie
Und eine Antwort

(Auf einem »Strategiekongreß« seiner Partei hat deren Vordenker Michael Brie dieselbe mit einem Brot verglichen, das in einem Safe liege. Zitat: »Alle haben Hunger und wollen an das Brot ran. Aber nur die eine Hälfte sucht folgerichtig nach dem Schlüssel. Die andere Hälfte sagt: Der Schlüssel? Interessiert uns nicht.«)

Im Safe ein Brot?
Welch ein Idiot
schließt sein Brot im Geldschrank ein?

Im Safe ein Brot?
Welch' große Not
muß da wohl herrschen? Welches Schwein

Versteckt die Nahrung vor dem Volk?
Wo sind wir hier?
In Moskau? Bukarest? Zaire?

In Kalkutta? Bangladesh?
Bei Tutsi? Hutu? Bei Don Blech?
In den Slums von Caracas?

Im ZDF bei »Wetten, daß ...«?
(Oder war's die ARD?)
Sind wir vielleicht am Baikalsee?

In der Deutschen Bank Kantine?
Was ist mit der Margarine?
Wird auch diese weggeschlossen?

Werden Diebe gleich erschossen?
Wer hat die Schlüssel zum Tresor?
Was hat der Brotverschließer vor?

Will er, daß die Preise steigen?
Seine Macht dem Volke zeigen?
Will er einen Aufstand planen?

Sind im Geldschrank auch Bananen?
Steht der Safe im Hexenhaus?
Ist es gar der Nikolaus?

Ein Wirrkopf? Terrorist? Tyrann?
Oder der Melittamann?
Der Russenhitler? Hussein?

Ein Autonomer aus Berlin?
Das Kommando Rudolf Hess?
Nö. Es ist die PDS.

Joachim Frisch

Adresse des Lokaldichters
an seine Stadt, wo nun
die S-Bahnzüge der Baureihe 475
aus dem Verkehr gezogen werden

Berlinerinnen und Berliner
sowie ihr außerhalb der Welt,
neigt eua Ohr der Schreckensnachricht:
Die S-Bahn hamse einjestellt!

Den Schienenwurm, den ockerjelben,
in dem man fuhr für Schmerzensgeld,
die Bank aus Holz, der Halt aus Messing,
diß Umjetüm is einjestellt.

S fährt nich mehr von Ost- nach Westkreuz,
von Pankow nich nach Schönefeld,
von nirjendwo nich mehr nach nirjends.
Warum? Sie hamse einjestellt.

Hart war se und hat unerbittlich
so manchen Steiß grünblau jeprellt.
Jetzt hat sichs endlich ausjerattert,
dieweil sie hamse einjestellt.

Nach 70 Jahren Schienendienst
tritt sie von ihrem Posten ab.

Oben lag der Apennin
Unten legte ich mich hin
Mittelmeer lag vor mir rum
Gelegentlich Basilikum-
Aroma mit der Brise flog
Und mich ins Mittagsschläfchen zog

Fritz Eckenga

Ins Jrüne jeez nich mehr, ins Blaue,
jetzt jeez nur noch ins S-Bahn-Grab.

Sie fuhr vorm Krieg schon, vor die Mauer
und vor die neue deutsche Reich –
äh – Einheit. Damit is jetzt Sense
bzw. Zapfenstreich.

Ach wattn Schmerz, ach wattne Trauer.
Und keen Jebeet hilft, keen Protest.
Die, wo am längern Hebel sitzen,
sie gaben ihr statt Strom den Rest.

Berlinerinnen und Berliner
sowie ihr Völker dieser Welt:
Sagt Tschö zur alten 4-7-5er.
Adjö in einer bessern Welt.

Rayk Wieland

Allein gegen die Mafia

Oben lag der Apennin
Unten legte ich mich hin
Mittelmeer lag vor mir rum
Gelegentlich Basilikum-
Aroma mit der Brise flog
Und mich ins Mittagsschläfchen zog

Auf täuschend friedlich fiese Weise
Denn kurz darauf war Schluß mit leise
Am lurigen Ligurienstrand
Nur hundert Meter rechter Hand
Ließ die Mafia Sand abtragen
Für kriminelle Bauvorhaben
Wo Mitarbeiter Estrich streichen
Über frisch erlegte Leichen
Um in starken Fundamenten
Cosa-Nostra-Konkurrenten
In der Regel ohne Segen
Vertuschungshalber abzulegen

Oben lag der Apennin
Unten stellte ich mich hin
Jäh geweckt durch Dieselgrollen
Halsschlagader schwer geschwollen
Schrie wie tausend Furien:
»Augen auf, Ligurien!

Stoppt die Mafia! Stellt die Killer!
Beginnt mit diesem Caterpillar-
Fahrer dort am Strand!
Er baggert für die schwarze Hand!«

Der Rest war schließlich recht banal
Die Menge nahm es als Fanal
Zog den armen Sack vom Bock
Betäubte ihn mit Schirm und Stock
Schleppte ihn behend zur Buhne
Dort fand sich jemand mit Harpune

Als Rilke über die Sexualpsychologie
des gemeinen Handwerkers nachdachte

In, du weißt's, noch jedem Leben
sind umdunkelt frühe Zeiten,
da sich arme Eitelkeiten
ahnungslos die Blöße geben;

Zeiten, da das Männlichwerden
eng mit Fertigkeit verwoben;
da die Mädchen, lächelnd, loben
und beschenken mit Gebärden

jenen, der mit Hirn und Kraft
ihre Fahrradkette spannt;
der mit starker Jungen Hand
all die lichten Welten schafft,

welche Mädchen sich erträumen:
hell und sorglos wie sie selber.
Also spinnen diese Kälber
von beseelt-betreuten Räumen

wissend mannhafter Regie,
wo Probleme, kaum entstanden,
augenblicks im Nichts versanden.
Und sie wissen gern nicht, wie.

Dies Versprechen, diese Frauen,
dieses Lieben, dieses Loben:
läßt am Ende, ganz verschoben,
Männer blind darauf vertrauen,

daß sie helfend Männer werden.
Und nur sind. Und anders nie.
Und so werden sie zu Vieh;
zum Bestandteil jener Herden,

die, von Männern meist bestellt,
fliesenlegen, klempnern, sägen
und dabei stets eins erwägen:
Mach ich heile, bin ich Held.

Ach! Das ist es, was sie nicken
und gehorsam spuren läßt:
Glaubend: Dieses sei *ihr* Fest.
Und: Die Hausfrau werd *ich* ficken.

Thomas Gsella

Als sein Leierkasten schnurrte

Einmal, vor Millionen Jahren,
als die Menschen Affen waren
und in fürchterlich verlausten
unterkühlten Höhlen hausten,

gab's ein Junges, dem's nicht paßte;
das im Gegenteil es haßte,
immer nur in stummen Reigen
sturblöd vor sich hin zu schweigen.

»Ääh, wie öde«, dachte sich
dieses Junge, »mit mir nich'!
Irgend etwas muß geschehn,
denn so kann's nicht weitergehn.«

Es geschah; es war beim Stillen.
Überwältigt von Gefühlen,
grunzt es leise »Hm, wie lecker«
und ward so zum Sprachentdecker.

Ja, mit diesem ersten Wort
flog das Affenleben fort,
und der Mensch stieg munter weiter
auf der Menschheitsstufenleiter:

Statt sich in den Haarn zu wühlen
und wie blöde rumzubrüllen,
rief man bald dezent: »Hurra«,
wenn das Mammut knusprig war.

Und anstatt den eigenen Frauen
feste auf den Kopf zu hauen,
um sie dann ins Bett zu schaffen,
hieß es: »Willst du mit mir schlafen?«

Ja, nun steht die Menschheit oben,
und man muß sie dafür loben:
Welchen Sprung hat sie getan,
seit sie richtig sprechen kann!

Keinen muß man mehr verhauen,
denn man kann ihm anvertrauen:
»Na, so wahr ich Leser heiße,
Ihre Poems sind echt scheiße.«

Dies das Schönste an der Sache:
Wenn »Sohn« Dichter »Mutter« Sprache –
»Ey, Sie gehn mir auf die Eier.
Hörnse uff mit dem Geleier!«
Jaja, schon gut.

Thomas Gsella

Auf dem Boulevard

Kann es sein, daß wir uns kennen?
Nun, ich halte Ihre Hand
durchaus nicht zum ersten Male ...
Tja, dann sind wir wohl bekannt.

Kann es sein, daß ich Sie küsse?
Doch, es ist schon sehr wahrscheinlich;
Ihre Zunge so an meiner ...
Gottogott, ist mir das peinlich!

Sagen Sie: Und dieser Junge ...?
Das ist Markus, unser Kind.
*Also langsam glaub' ich wirklich,
daß wir zwei ein Pärchen sind.*

Thomas Gsella

Auf des höchsten Berges Gipfel

Auf des höchsten Berges Gipfel,
Über jeder Tanne Wipfel,
Dort, wo nicht mal Geier kreisen,
Wohin selbst Götter furchtvoll weisen,

Dort, wo selbst der Eisbär friert
Und immer nur der Frost regiert,
Wo seit über tausend Jahren
Schnee und Eis bestimmend waren,

Und es sogar im Sommer kälter
Als in jedem Kühlbehälter,
Steht entgegen meinem Rat
ein Münzgeldkaffeeautomat.

Denn glaub' ich kaum, daß viele Kunden
Jemals den Weg dorthin gefunden.
Doch was hilft es jetzt bereuen,
Wer einmal dort ist, wird sich freuen,

Gesetzt den Fall, er hat es klein.
(Der Automat nimmt keinen Schein.)

Jan Kaiser

Aufstehn

In der Früh bin ich noch müd
und das Aufstehn scheint verfrüht

Fiept der Wecker penetrant
weckt er in mir nur Widerstand

verstärkt den Trieb, im Bett zu bleiben
genau wie Stadtreinigers Treiben

den ich zur Wache schleppen will
wenn ich erwach' vom Müllgebrüll.

Auch sage ich ganz unverfroren
fürs Frieren bin ich nicht geboren

Denn schon als Kind entdeckte ich
unter der Decke lebt es sich

geborgen. Diesem Grundgedanken
gedankt gerat' ich nicht ins Wanken:

Auf, auf? Gerade jetzt wär's schade!
Ich liege warm, in der Gerade

auf dem Rücken, gut verpackt.
Ich pack' es eh nicht, so beknackt

früh aufzustehn: viertel vor acht!
Nein, nicht mit mir. Tscha: Gute Nacht!

(Ab mit Schnorchelgeräuschen)

Carola Rönneburg

Eine Ballade

Ein Nashorn steht am Wegesrand und lacht.
Es hat just einen Großwildjäger,
samt Spürhund, Roß und Waffenträger
mit großer Freude umgebracht.

Ein Fräulein sieht dies aus der Fern' und weint.
Es war des Großwildjägers Lieb,
doch was ihm von dem Gatten blieb
es zu bedrücken scheint.

Der Jäger hatte stets gewonnen,
nun strafst Du ihn, Natur!
Der Kampf von Mensch und Kreatur,
wer hat ihn denn begonnen?!

Weiß Gott allein?
So mag es sein!

Wie schließt denn die Ballade?

Das Nashorn wankt ins Abendrot,
das Fräulein springt in seinen Tod
wohl von der Balustrade.

Jan Kaiser

Bei dem Grab
eines Jünglings, der sich
zu Tod tanzte

In diesem neuen Grabe ruht
Ein hoffnungsvoller Junge,
Und seiner Eltern Schmerzenwuth
Beschreibet keine Zunge;
Denn ach! er war ihr einz'ger Sohn,
Und modert nun im Grabe schon,
Und ist für sie verlohren.

Er war in vollster Lebenskraft,
Im schönsten Jugendglanze,
Jedoch ein Sklav der Leidenschaft
Zur wilden Lust im Tanze:
Er tanzte nun am Technofest
So heftig, daß er sich den Rest
Der Lebenszeit verkürzte.

So tanzte vierzehn Stunden lang,
Wie toll, der arme Junge,
Und wie vom Sturm getrieben drang
Das Blut durch seine Lunge;
Der Athem wurde schnell und kurz,
Und drohte mit dem Blutessturz
Aus angestrotzten Adern.

So tobte sein gepeitschtes Blut,
Die bleichen Wangen glühten,
Die Augen funkelten wie Glut,
Als wenn sie Funken sprühten,
Der ganze Leib zerfloß in Schweiß,
Die Zunge wurde brennend heiß,
Und lechzete nach Kühlung.

Dann fraß er nun noch obendrauf
Zehn XTC-Tabletten,
Daraufhin sein Kreiselauf
War gar nicht mehr zu retten;
Sein Körper zehrte langsam ab,
Und stürtzte ihn ins frühe Grab,
Den sonst so starken Jüngling.

So gehts der Jugend leider heut
Noch oft bei ihren Tänzen,
Die ohne Ziel und Mässigkeit
An baaren Unsinn grenzen;
Denn nur ein Thor voll blinder Wuth
Kann so mit leichtsinnvollem Muth
Dem Tod entgegen tanzen.

Nun lasst uns dem Unglücklichen
Noch eine Thräne weihen,
Zu Gott aus Bruderliebe flehn:
Er möchte ihm verzeihen,

Was er gethan aus Unverstand,
Und ihm ins ew'ge Technoland
Den Eingang nicht verschliessen.

Max Pörperbein
nach Michael von Jung,
1781 bis 1858

Bilanz

Hab keine Romane geschrieben;
keine einzige Sinfonie.
Mein Umsturz ist Stückwerk geblieben;
wie meine Tanztheorie.

Nicht eine Kathedrale!
Kein Dachgeschoß ausgebaut!
Und wenn ich mal male
wird's Mist.

Nie im Puff und keine Visionen,
kein Sieg, keine Oper, kein Mord.
Kein Starkult und keine Millionen,
kein Hit, kein Hut, kein Rekord.

Nobelpreis? Nix draus geworden.
Kein Kriegsheld, Konzernherr, null Orden.
Tor des Monats, Befreiungskampf, Geige?
Macht? Schönheit? Genie? – Fehlanzeige.

Nur dieses kleine Gedicht.
Reicht das nicht?

F.W. Bernstein

Couleurs de Bretagne

bleu

Am Anfang des Tages
Seh' ich nur plages
Hingegen am Ende –
Strände ...

vert

Fahr' ich à gauche?
Oder à droite?
Ab in die vagues?
Oder ins Watt?
Trop de questions
In der circulation.
Die décision lautet:
»Toutes directions!«

jaune

Ein Strich in den Sand
Für den siebten jour.
Ein Häuchlein von vent
Verweht seine Spur.
»C'est le destin«,
Denk' ich und gähne,
Perdue la nuit
Und perdue die semaine.

Et bonjour la nouvelle,
Steh' auf und leb'!
Encore un café,
Et en suite une crêpe.

rouge

Wenn du großen Hunger hast,
Säge nicht am Hummerast!
Zerstöre seine Schale
Nie durch das Brutale!
Hammerschlag und Sägeblatt
Machen zwar den Hummer platt,
Jedoch die Hummerinnerei
Wird durch Gewalt aussi zu Brei.
Sei zart und schone den Hommard,
Mach's lieber nach Bretonenart:
Die wahren Connaisseure
Sind Schalentiermasseure.
Sie kneten und sie walken,
Bis Hummer sich entkalken
Und freiwillig ihr Innendrin
– Dies feste, weiße Protein –
Aus ihrer Festung lösen
Und man mit Mayonösen dann
Die Hummrigen erlösen kann.

Fritz Eckenga

Der Dreh mit dem E

(Herrn Simon Julius Lässig gewidmet,
der just das Lesen lernt)

Lieber Simon!

in Oberkassel, diesem Viertel der reichen
Düsseldorfer, traf ich ein seltsames Zeichen:
Ein ⊓ !

Das M war ganz schön frech, denn es behauptete,
es sei aus dem Alphabet und ein großes E.
Das ⊓ ?

Niemals, widersprach ich, das ist doch gelogen!
Da streckte das M die Beine nach oben:
Ein ⊔ !

Ich war zerstreut, sagte das W. Ein E geht so,
lächelte es breit und wackelte mit dem Po.
Oh, ⊔ !

Du täuschst mich nicht, rief ich, und jetzt wird's mir zuviel!
Trotzdem zeigt sich das W mir nun im Profil
Als Ǝ .

Genug: ich gab der 3 einen kräftigen Dreh
Da war's ein E – ich kenn' doch noch mein ABC.

Carola Rönneburg

Dichterliebe

Kafka liebt die Sprache und
hat dazu auch allen Grund

F.W. Bernstein

Empör

Entschuldigen Sie die Störung.
Nur eine kleine Empörung.
Ich empöre mich!
Störe ich?
Bitte lassen Sie sich gar nicht stören.
Ich möchte mich eben mal empören.
Haben Sie's gehört?
Ich hab mich empört!
Nix für ungut!

F.W. Bernstein

Der Eroberer

Schwerter klirren, Recken johlen
So freit der Häuptling der Mongolen
Man raubt, so ist es nun mal Sitte
Die Buhle aus der Stammesmitte

So unverfroren zwangsverschwägert
Gibt sich der Herr Tartar verärgert
Er will Revanche für den Tort
Allein der Eidam ist schon fort

John Wayne, hier mal mit Mandelaugen
Paktiert mit Menschen, die nichts taugen
Erst nach erreichtem Eheglück
Entschleiert sich sein trüber Blick
Er macht sich China untertan
Und nennt sich fortan Dschingis Khan

Harald Keller

Erstes Ahnen

Vögel fallen tot vom Himmel
Steifgefrorn und eisbezackt
Gartentisch und Gartenstühle
Werden wieder eingepackt
Dicke Mäntel, Atemfahnen,
Dicke Schuhe, Mützenpracht,
Kalter Wind auf seinen Bahnen
hat uns wieder Schnee gebracht.

Sieht er in den grauen Straßen
Hundehaufen hart wie Stein
Fragt er sich aus tiefstem Herzen:
Sollte das schon alles sein?
Sieht er tags der Autos Lichter,
bleiche, hagere Gesichter,
die verfroren heimwärts ziehn –
Dann weiß auch der Heimatdichter:
Frühling ist es, Frühling bleibt es,
Frühling, Frühling in Berlin.

Ralf Oberndörfer

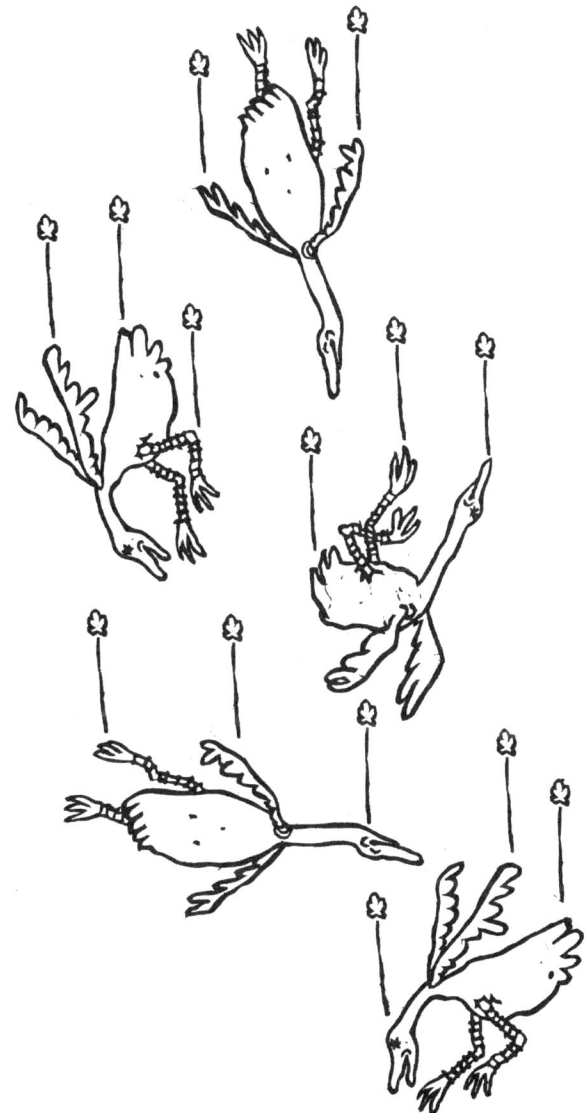

Farbberater Günthers Lusttraum

Türen schlagen, Winde huschen
durchs Büro und sehn
ihn vor ihr in Lammfellpuschen
auf die Knie gehn.

Lippen lausrot. Gelb ihr Schopf.
Kaktusgrün die Hose.
Kachelblau der Blusenknopf.
Aah, wie pink die Rose

leuchtet weit in ihrem Hair!
Silbern glänzt die Jacke.
Mantel voll aus orange wear.
Golden shoes! Wie kacke

diese Brille: sieben Graus!
Bügel grün dahinter.
»Ziehen Sie sich sofort aus!«
»Wie bitte?! – Herr Günther!«

Thomas Gsella

Fischerdorf mit Strand

Schäfchenwölkchen sausen südwärts
Sonne saugt sich sengend ein
Ozean grüßt blautürkisisch
Möwen kehren keuchend heim

Häufchen Schuppen schimmern silbrig
Fischers Weib bürstet die Beute
Müde Männer dösen faltig
Haben Feierabend heute

Linde Luft lullt leicht und duftig
Ein winzig Wellchen flach erbricht
A la playa planscht der Bär
Lothar lernt das Surfen nicht

Fritz Eckenga

Der Fischmus-Blues oder: Bündnis für Arbeit, Arbeit, Arbeit

Eine neue SPD-Parteihymne
(nach dem politischen Ablehm
von Dr. Diether Dehm)

Hallo, ich heiße Hans
und ich hatte Glück:
Ich bekam eine Arbeit
In der Fischmehlfabrik

Die freundlichen Fische
Zerreib' ich zu Mus
Forme sie zu Filets
Und krieg' den Kabeljau-Blues

Denn die Fischformfilets
Sie wirken erst echt
Durch eingeworfene Gräten
Und die werfe ich

Ja, ich werfe die Gräten
Vier Gräten pro Stück
Von sieben bis fünf
In der Fischmehlfabrik

(Trauerchor der Parteilinken:
»Die armen Fische
Oh, die armen Fische!
Die armen Fische
Oh, die armen Fische!«)

Ja, die armen Fische
Heilbutt und Makrel'
(Schunkelchor der Parteirechten:
»Heil Butt! Heil Butt!«)
Sie kamen als Freunde
Und wurden zu Mehl
(Wütender Chor der Parteilinken:
»Mehl! Mehl!! Mehl!!! Mehl!!!!«

Doch ich heiße Hans
Ja, und ich habe Glück:
Ich bekam eine Arbeit
In der Fischmehlfabrik.

Wiglaf Droste

Frankreichs Kreisverkehr

Voila – dies ist le Kreisverkehr
Die eine Straße führt ans Meer
Die andre kommt von oben her.
Die linke: Centres commerciaux
Die rechte führt ins nirgendwo.

Hier fährt man rund und niemals quer
C'est ce qu'on appelle le Kreisverkehr

Was nun das Regelwerk angeht:
Das Kreisverkehrsgesetz besteht
strikt darauf, daß das Blumenbeet
von Franzmann, -frau und chaque touriste
zu jeder Zeit zu schonen ist.

Zum Kreisverkehr kommt, wie ihr seht
so stets ein Hauch von fleurs geweht

Der Kreisverkehr ist ein Parcours
In ihn hinein gelangt man nur
auf einer Kreisel-Zugangsspur
und die Lücke zwischen Wagen
die zur nächsten Ausfahrt jagen

So geht es rund in einer Tour
im Kreisverkehr der Côte d'Amour

Carola Rönneburg

Frühling

Es wird Frühling – alles schimmert
Nur die Kiefer quietscht und wimmert
Jammert über Winterschäden
Muß zum Kieferorthopäden

Wiglaf Droste

41

Guter Tag

Später Morgen und noch dämmrig
Kopf in Daunen, mollig-weich
Niemand holt mich aus der Mulde
Nein, ich komm' nicht! Auch nicht gleich!

Später Mittag, lascher Blitz
Das Gewissen will ans Licht:
»Du mußt! Du sollst! Du hast zu tun!«
Ich hab zu ruh'n, mehr hab ich nicht!

Früher Abend und schon dämmrig
Langsam um die Achse dreh'n
Augenblick bringt die Gewißheit:
Ich mag mich nur von innen seh'n.

Später Abend, ganz zufrieden
Nicht geleistet, nicht gehandelt
Gleich ein Traum, der alles rundet
Guter Tag, der so versandelt

Fritz Eckenga

Die Haut

Weiße Milch der Kühe wir trinken sie täglich
Milchkaffee der Frühe macht Aufstehn erträglich.
Espressokanne auf die Platte
    (Schraubgewinde fest verschraubt),
Die Milch im Topf ist weiß wie Watte.
    (Überkochen nicht erlaubt!)

Milch der Tüte: Walle! Fließe
Und mit reichem vollem Schwalle
Zu dem Kaffee dich ergieße!

Nun steht vor mir ein Milchkaffee,
    steht dort wie jeden Tag im Jahr.
Doch wenn ich wie der Hase flink
    die morgendliche Zeitung hol'
Dann ist es wie vom Igel angestachelt
    immer vor mir da:
Das flächendeckend üble Rund
    aus Haut in meiner Kaffeebol!

(Haut von heute! Gestern! Morgen!
Nur im Hilton und Best Western
Hat man damit keine Sorgen.)

Braune Haut, mit Mühe halt' ich dich fern
   von meinem Schlund!
Du flüchtest dich zum Schüsselrand,
   amöbenförmig nun, statt rund
Der Löffelhals, den du umschlingst,
   wird mein OP-Besteck:
Ich transplantier' dich in den Abfluß.
   Sei's gewesen, Haut, hinweg!

Monie Schmalz

Heiligabend

Heiligabend, stille Stimmung
Tanne duftet, Kerze scheint
Knapp zwei Stunden bis Bescherung
Sippe endlich mal vereint

Heiligabend, Arbeit ruht
Vater schafft sich Fett ins Blut
Prüft zum wiederholten Mal
Konsistenz vom Räucheraal

Heiligabend, Mutti schuftet
In der Küche, Braten duftet
Dackel frißt den eignen Schwanz
Denn er kriegt nichts von der Gans

Heiligabend, viel Getöse
Dackels Rute blutet böse
Vater köchert, röchelt schwer
Aales Gräte sitzt ihm quer

Gänsebraten steht in Flammen
Dackels Maul füllt sich mit Schaum
Mutti bricht am Herd zusammen
Papa fällt in Tannenbaum

Heiligabend, stille Nacht
Mutti ist aus Schlaf erwacht
Und wie alle Jahre wieder
Kämpft sie Küchenbrände nieder

Papa spuckt jetzt volle Kanne
Gräten aus, schmückt neu die Tanne
Dackelschwanz wird abgebunden
Und es schließen sich die Wunden

Heiligabend, sowieso
Sippe satt, k.o. und froh
Heute Kinder wirds was geben
Vater, Mutter, Dackel leben.

Fritz Eckenga

Hera Lind kriegt ein Kind

Ein Geburtsbevorstehungsanzeiger
in vier Abzählreimen

Hera Lind
kriegt ein Kind
hat schon acht
welche Pracht
kriegt noch zehn
und du mußt gehn

Dem Superweib
platzt bald der Leib
das Kind springt naus
und du bist raus

1-2-3-4-5-6-7
wer hat ein witzisch Buch geschrieben
1-2-3-4-5 und 6
's war die Dauerwellenhex
1-2-3-4-5
sie trägt blaue Strümpf
1-2-3 und 4
mimt das Muttertier
heimlich brät sie ihre Gören
weil sie die Karriere stören

hat im Kopf ein Leck
und du bist weg

Mit dickem Bauch die Zauberfrau
hat keinerlei Hormonenstau
ist eine echte Fernsehschau
Franziska, Felix, Florian
ruft sie ihre Kinder ran
mit F fängt auch das nächste an
mit F vorn soll's die Welt erblicken
weil Kinderkriegen kommt vom Ficken

Susanne Fischer

Heut nacht

Heut nacht, heut nacht,
da hatt ich drei Schmerzen
die taten mir saumäßig weh.
Und Du, Du liegst mir im Herzen
schlimmer als Hals, Zahn und Zeh.

F. W. Bernstein

150 Jahre Kommunistisches Manifest

Hundertfünfzig! Hoch die Tasse!
Keine Schrift ist heiliger,
klüger und kurzweiliger!
Keine hat wie sie der Masse

aufgezeigt, daß man die Schweine
(sei's per Galgen, sei's per Schuß)
aus dem Wege räumen muß.
Leider ist die Masse keine.

Masse! Werde Besserwisser!
Steh nicht länger dumm herum!
Köpf die Ärsche! Pfähl die Pisser!

Säbel ihre Knechte um!
Andernfalls muß all die Sachen
wieder mal der Gsella machen.

Thomas Gsella

Ich und meine Urgroßtanten

Liebe keimt, wenn Frau und Mann
sich verliebt die Hände reichen.
Liebe blüht und wächst heran
im Nichtvoneinanderweichen.
Später »schließt« sich der »Vulkan«,
und wenn beide sich dann gleichen,
wie man frau nur gleichen kann;
wenn sie grau um Betten streichen,
sieht man ihnen nicht mehr an
– jenen zwein, die da auf krummen
Beinen immer mehr verstummen –,
daß sie einst, sich zu beglücken,
bebend zueinanderfanden
und danach aus freien Stücken
gebend zueinanderstanden –
nein, man sieht nicht, daß sie liebten,
daß sie glühten, daß sie brannten,
eher machen sie den Eindruck
von entfernten Schwippverwandten,
die es abgrundtief versiebten
und sich praktisch niemals kannten,
und da wären wir nun endlich
auch bei meinen Urgroßtanten.

Doch wie groß ist mein Erschrecken:
Ich weiß gar nicht, wo die stecken!

Thomas Gsella

Im Bett

Im Wald ein Rabe fand eine Fahrradnabe
Da sprach der Rabe
Ich grabe nach Kugellagerfett in der Nabe
Vielleicht finde ich noch einen Rest
Den nehme ich mit in mein Nest
Dann labe ich mich an dem Kugellagerfett
Aus der Fahrradnabe
Im Bett

Georg Solms

Itztund

Itzt ists Leben Freyd
und Wonne
Des Sommers eitler Blüthen Krantz;
Ist morgen schon
ein schlafer Schwantz
Wir enden alle
in der Thonne

Drum frew dich nicht
am Lautenspiele;

Die lustik Musickanten Schar
Ist itzund
morgen nicht mehr dar.
Erfülle sitsam Gottes Wille.

Beth und arbeitt Tag und
Nacht;
So hat Gott Vater
vns gemacht.
Und itzt bettreybst du
schmutzik Werben.

Was iszt der mensch
Was will er denn?
Es ist so thraurig
dasz ich flenn;
Wir werden alle
grausam sterben.

David Fischer-Kerli
& Stefan Kuzmany

Käse!

Im Kühlschrank friert ein Stückchen Harzer Käse
die Eiseskälte setzt ihm bitter zu
Es würd so gern gegessen
Doch man hat es vergessen
Jetzt zittert es in frostig dunkler Ruh

Und träumt von einem warmen Platz am Fenster
Wo es verpackungsfrei sich wohlig aalt
Bestrahlt vom Sonnenglanz
Verändert die Substanz
von knochenhart in samtweich-cremig-zart

Mild verströmend käsiges Aroma
Das des Menschen Sinne duftig neckt
Solange, bis der endlich
Und letztlich unabwendlich
Sein Käsemesser in den Harzer steckt

Doch leider ist der Mensch nur zu vergeßlich
Gedankenlos wie roh und schrecklich bös
Was kümmert ihn die Welt
Es geht ihm nur ums Geld
Erst stirbt der Wald, dann schon bald der Käs

Drum, Mensch, schau bitte nach in deinem
    Kühlschrank

Und achte drauf, ob dort ein Käse friert
Schenk ihm ein bißchen Wärme
Sag ihm: »Ich ess' dich gerne«
Bevor er seinen Lebensmut verliert

Wir haben diesen Käse nur geliehen
von unseren Kindern, die noch länger leben
Ach Mensch, sei nicht so herzlos
Ach Mensch, sei nicht so stur
Denk dran: Auch Käse ist ein Stück Natur!

Fritz Eckenga

Der Karpfen

Das Mondenlicht, es schimmert bleich
Der Karpfen schwimmt im Karpfenteich.
Innerlich gar tief erfreut
Denn er hat Geburtstag heut.

Alfred heißt der Karpfenrüde
Sein Schuppenkleid, es schimmert müde
Mit Flossenschlägen dümpelt sacht
Er langsam durch die dunkle Nacht.

Da plötzlich schnellt vom Algenfeld
Vom Mondlicht kurzfristig erhellt
Sein Todfeind, der Hecht Leonard
Und schimpfet auf gar üble Art:

»Du altes Parasitenstück!«
Und schwimmt ins Algenfeld zurück.

Doch jeder, der nun fälschlich meint
Daß Zorn im Karpfentier aufkeimt
Sei eines Besseren belehrt
Denn länger lebt, wer sich nicht schert
Um Rüpel wie den Leonard
Was auch der gute Alfred tat.

Er gründelte gelassen weiter
Blieb seelisch rein und psychisch heiter.
Nach altbewährter Karpfenart
Straft er so den Leonard
Mit konstruktiver Ignoranz
Zuckt nur einmal mit dem Schwanz.

Das Mondenlicht, es schimmert bleich
Der Karpfen schwimmt im Karpfenteich.
Innerlich gar tief erfreut
Denn er hat Geburtstag heut.

Jan Kaiser

Kater Humphrey darf nicht sterben

Als Tony Blair die Wahl gewann
Und in die Downing Street umzog
Versprach er Humphrey: »Katzenmann!
Wir füttern dich!« Indes: Er log.

Denn das feine Paar Booth und Blair
Hatte dies schon lang beschlossen:
»Humphrey muß weg! Der kommt ins Meer!
Oder wird sofort erschossen!«

Bloß wegen der Presseleute
Wurde dann doch umdisponiert
»Humphrey machte Entenbeute!«
Der Journaille frech diktiert.

Und kurz darauf – welch Perfidie –
Hörte man von Husten, Niesen
»La Booth hat Katzenallergie!«
– »Wird Old Humphrey ausgewiesen?«

Noch nicht. Denn vorher kam Besuch
Im Katzenkillercadillac:
Bill Clinton. Doch der Mordversuch
Schlug fehl. Humphrey sprang übers Heck.

Jetzt hieß es aus der Downing Street
Kater Humphrey sei schwer erkrankt.
Die Nieren machten nicht mehr mit
So daß ganz London um ihn bangt:

Was hat er vor, der Premier Blair?
War Humphreys Kampf bloß für die Katz?
War Gift im Spiel? Oh, how unfair:
Schämt Euch, Social Democrats!

Carola Rönneburg

Kleiner Feigling

... und alle klopfen mit:
Man feiert ausgelassen,
der Wodka strömt in Massen,
laut lacht und lärmt Herr Schmitt.

Schmitt ordert manche Runde
die Gäste sind schon breit,
der Wirt ist hocherfreut,
Herr Schmitt sein bester Kunde.

Herr Schmitt fängt an zu stöhnen,
der Schnaps die Zunge lähmt.
Der Wirt sich langsam grämt:
»Ob Schmitt die Zech' kann löhnen?«

»Macht achtzig Mark! Zum Wohle!«
ruft jovial der Wirt.
Er hat sich nicht geirrt,
Herr Schmitt hat keine Kohle.

»So, du linke Socke«,
der Wirt Herrn Schmitt bedroht,
»du bringst das jetzt ins Lot,
sonst gibt es auf die Glocke!

Ach so? Du kannst nicht blechen?«
Der Wirt gerät in Zorn.
Er haut Herrn Schmitt aufs Horn
mit einem Gartenrechen.

Herr Schmitt sinkt schlapp zu Boden
Der Wirt brüllt auf ihn ein:
»Los wehr dich, feiges Schwein!«
und tritt ihm in die Hoden.

»Du kleiner Feigling, Schmitt,
dich stampf' ich ein zu Grütze,
dir klopf' ich auf die Mütze!«
... und alle klopfen mit.

Joachim Frisch

Das Krokodil vom Nil

Zufrieden schläft am Rand des Nil
Ganz selbstbewußt ein Krokodil.

Die Sonne brennt ihm auf dem Rücken,
Das Krokodil spürt's mit Entzücken.

Es träumt und döst und übersieht
Was alles drumherum geschieht.

Ein Leichtsinn, welcher dann und wann
Sich auch bei Echsen rächen kann.

Denn schon naht voller Ungestüm
Ein Mohr und sieht das Ungetüm.

Nach einem hocherfreuten Blick
Holt er ein Netz, das mit Geschick

Dem Krokodil wird umgehangen,
Um es vollständig einzufangen.

Kaum ist die Schandtat absolviert,
Da lacht der Mohr ganz ungeniert.

Das Krokodil, noch traumverloren,
Es traut kaum seinen scharfen Ohren.

Dann, ohne Hast und selbstvergessen,
Beginnt es, das Netz aufzufressen.

Nach Abschluß dieser Prozedur
Schläft's grinsend ein als wie zuvor.

Der Mohr indes bedauert's tief
Und denkt bei sich: das ging wohl schief.

So endete dereinst am Nil
Die Hetzjagd auf ein Krokodil.

Matti Lieske

L e k v i k oder
Nach dem Einkauf bei Ikea

Menschen pesen durch Ikea
Kinder riechen nach Nivea
Müssen Pipi, wollen Nesquik
Bonbons, Eis, verbreiten Hektik:
Hier – das Bausatzbett heißt Lekvik!
Spinnst du? – Nein, tatsächlich: L e k v i k.

Allen, die sich gerne legen
Scheint dies Bett ein großer Segen
Stündlich wird von hundert Kunden
– Um sich seelisch abzurunden
Und auch physisch zu gesunden –
Lekvik für sehr gut befunden.

Was an Lekvik so begeistert
Sind die Klippen, die es meistert:
Ob Erotik, ob Aerobic
Filigran oder mehr klobig
Fuß- und Faustzeug, Mißgeschick
Gymnastik oder schlichtes Glück,

Plastik- oder Pillenknick:
Alles ist mit Lekvik möglik.

Spielen Sie mit uns
Stadt, Land, Fluss!

Ordnen Sie die Namen der Städte, Länder und Flüsse jeweils einander richtig zu und tragen Sie die Antworten auf dem Coupon ein. Diesen schicken, faxen oder mailen Sie uns einfach bis zum 31.12.2000 an nebenstehende Adresse.

Stadt	Land	Fluss
London	England	Themse
Berlin	Deutschl.	Spree
New York	USA	Hudson
Paris	Frankreich	Seine
Rom	Italien	Tiber

London	Italien	Seine
Paris	USA	Tiber
Rom	Deutschland	Themse
Frankreich	Hudson	Berlin
New York	England	Spree

Name: Lisa Matoff

Strasse: Meriansstr. 25

PLZ Ort: 60316 Frankfurt /M

e-mail: lisa.matoff@gmx.de

Alle richtigen Einsendungen kommen in die Verlosung. Der Rechtsweg ist ausgeschlossen. Mitarbeiter des Jahreszeiten Verlags und des Gräfe und Unzer Verlags sowie deren Angehörige sind von der Teilnahme ausgeschlossen.

Viel Glück!

☐ An der Zusendung weiterer Verlagsinformationen bin ich nicht interessiert.

Antwort

Gräfe und Unzer Verlag GmbH
MERIAN Reiseratgeber
Postfach 86 03 25

81630 München

Und den Lekvik-Kritikern
Sage ich – und sag' es gern:
Es wird dieser schöne Stern
Durch Lekvik noch viel schöner wern.

Wiglaf Droste

Mein Freund Lil'jenthal

Ein dreifach Hoch für Lil'jenthal!
Er flog zuerst vom Berg ins Tal
Sein Vogel glitt zehn Meter weit
Die Vögel wurden blaß vor Neid

Sein Fliegerberg im Stöllner Land
In Rhinows Hügelkette stand
Fünf Jahre lang bewies sein Flug
Daß vogelgleich die Luft ihn trug

Einhundert Jahre ist er her
Der Flugversuch ins Wolkenmeer
1.8.9.6.: Der Sturz hinab
1.8.9.6.: Zu früh ins Grab

Zieh'n oben Flieger ihre Bahn
Denk an den mut'gen Fliegerahn
Den großen Otto Lil'jenthal
Er flog zuerst vom Berg ins Tal

Joachim Kolloch

Nase: rot

Der Ekel vor dem ersten Schluck
weicht 'nem gesunden
Durst. Das Zittern
ist dank bitter'n
Trunks verschwunden
Was stört, ist jetzt der Blasendruck

glugger
gluck
gluckgluck
gluckgluckgluckgluck

Vom kühlen Bier, so zwanzig Bechern
werd ich locker
werd ich cool
dann wankt der Stuhl
es kippt der Hocker
So geht's uns nimmersatten Zechern

rumpumpel
rumpel
rumpelpumpel
rumpeldipumpelrumms

Ich weiß nicht mehr, wie all das kam
was noch gestern

mich erfrisch'
wird weggewischt
von Krankenschwestern
Versinken möchte ich vor Scham

deibel
pfui
pfuideibel
rülpswürgächzkotz

Nach Tagen plagen mich noch Klagen
ich habe mich
wie'n Schwein
benommen
voll verkommen
widerlich
Das ist im Suff nur zu ertragen

glugger
gluck
gluckgluck
gluckgluckgluckgluck.

Joachim Frisch

Nase: weiß

Linien weißen Puders auf dem Glase,
erwartungsfroh gerümpft ist schon die Nase,
das Puder in Sekunden eingesogen.
Ein stechender Geruch nach gift'gen Gasen
ist im Nu schon wieder weggeblasen,
jetzt ist ihm klar, man hat ihn nicht betrogen.

Gelöst und cool wie Harald Schmidt er plaudert,
wo er doch sonst eher schüchtern druckst und zaudert,
das Puder macht ihn stark in dieser Phase.
Glasklar ist um ihn rum die Atmosphäre,
nun ist er so, wie er sonst gerne wäre,
ein Lob für die Kristalle von dem Glase.

Zwar wirkt er um die Nase etwas blasser,
doch munter ist er wie ein Fisch im Wasser,
charmant, mit Tempo, fast wie in Extase.
Ein wenig taub ist nur die blasse Nase.

Doch bald schon zittern zuckend seine Pfoten,
er sieht um sich herum nur noch Idioten,
es nervt und quält ihn manche dumme Phrase.
Auch schmerzt und blutet nun die kalte Nase.

Das zähe Blut im Tempo klebt wie Kleister,
auf die blasierten Macker ringsum scheißt er,

hilfesuchend blickt er hin zum Glase.
Was ihm jetzt guttut, ist 'ne neue Nase.

Da capo ad collapsus

Joachim Frisch

Neulich im Wald

Die Rotbauchkröt' errötete,
wenn's Waldrotkehlchen flötete;
sie war verliebt, ihr sprang das Herz
aus Liebesfreud und Liebesschmerz,

und eines Abends (kurz vor acht,
der Mond verschwand, die dunkle Nacht
vergoß ihr helles Sonnenlicht,
Entschuldigung, hier stimmt was nicht) –

na jedenfalls: ersichtlich stolz
schlich schamgebückt durchs Unterholz
ein strammer Hirsch, pardon, ein Hund;
zu kochend heißer Mittagstund'

durchpflügte er die Finsternis,
und von den Morgenwinden bis
in alle Welt hinausgeweht,
erklang des Köhlers Nachtgebet –

da stieg die Kröte aus dem Teich
und hüpfte hurtig, wieselgleich,
in jene Waldgevierte,
wo's Kehlchen tirilierte.

Dann der Moment, in dem sie sah,
wie schön das Waldrotkehlchen war!

Und erstmals hörte sie genau,
was die geliebte Kehlchenfrau
da eigentlich so flötete:

Das Liedchen hieß (so wird erzählt;
ob's wahr ist, sei dahingestellt):
»Wie ich die Kröte tötete
und ihr noch eins verlötete.«

Moral: Es war, wie jeder sieht,
im Grunde gar kein Liebeslied!

Thomas Gsella

Notiz eines immer gerngesehenen Besuchers

Die Kerze längst kurz.
Im Bauch eine Lauge
aus Wein, Bier und Eier-
likör. Es war nett!

Ein mächtiger Furz.
Ich öffne ein Auge
und kotz wie ein Reiher
ins Gästebett

Thomas Gsella

November

November, schwarzer Monat du
Kehrst stets wieder, gibst nicht Ruh'
Schickst uns neue dreißig Tage
Dunkeldüstergraue Plage

Bleichst fahle Blässe in die Wangen
Machst Gesichter traurig hangen
Pflanzt unzählig Depressionen
Sorgst für unbespielbar Boden
Brichst das Licht mit klebrig Nebel
Hebst mit eklig Regen Pegel
Läßt die Winde grausig tosen
In unseren langen Unterhosen

Schleichst dich schleimig an uns ran
Doch wir wissen deutlich, wann
Deine Marter übel droht
Spätestens wenn Hundekot
Wässrig sich mit Baumlaub quetscht
Unter unsere Gummisohlen
November, kannst uns nicht verkohlen
Zu bestialisch fault dein Odem
Auf unserem teuren Teppichbodem

November, alter Leichenschänder
Los! Sag an! Schmeißt du 'ne Lage
Schnaps auf deine Totentage?
Hast so viele wie kein zweiter
Kadaverfürst, vermaledeiter
Wirst hemmungslos uns wieder quälen
Mit Buß- und Bettag, Allerseelen
Und heuer, ach, es ist gar greißlig
Mit Todestag des starken Schutzwalls
Der am Neunten deiner Dreißig
Vor sieben langer Jahre Frist
Viel zu früh verendet ist.

November, Sack, du sollst verrecken
Am besten mit dem Pack der Jecken
Die sich an deinem Elften wecken
Mit Humba, Ententanz und Prost
Vielleicht bringt ja Dezember Trost
Und richtet Euch mit starkem Frost

Ich komm' zum Schluß mit dem Gedicht:
November, bist ein Arschgesicht!

Fritz Eckenga

November II

(Widerruf der gleichnamigen Geißelung vom 31.10.1996 nach berechtigter Kritik der neunjährigen Hannah, die den November liebt, und zwar nicht nur, weil sie in ihm Geburtstag hat)

November, Held der Monatsrecken
Schützend dick sind deine Decken
Wärmst mit dichten Baumlaubmatten
Sowohl den Wurm in Herbstrabatten
Als auch die kalten Gehwegplatten
Die unser Trottoir belegen
Für jeden fröstelnd' Zeh ein Segen
Sofern die Nachbarn nicht gleich fegen

November, deckst uns zu mit Güssen
Legst die nassen Nebelkissen
Dämpfend auf das Ach-und-Krach
Hältst Laut und Lärm gekonnt in Schach
Spitzer Ton wird mählich flach
Ruhe senkt sich auf das Dach
Unter dem die klammen Socken
Dampfend überm Ofen trocknen

Warme Stube macht uns Nicken
Da meldet sich dein kleiner Schalk

Willst uns wohl ein Stürmchen schicken
November, großer Blasebalg
Nur zu! Tob dich nur tüchtig aus!
Wir gehen heute nicht mehr raus
Schließen jede Fensterlade
Wickeln Plaid um Fuß und Wade
Und schlürfen heiße Schokolade

Wir lieben dich für deine Launen
Für stilles Schweigen, lautes Raunen
November, bleib so, wie du bist
Und sei zum Dank dafür geküßt

Fritz Eckenga

Ode an die Poularde

O Poularde! Schönes Tier!
Einst Federvieh
Jetzt liegst du hier
Entfedert wie noch nie.
Auch: ohne Innereien.

Und, Poularde, ohne Hals!
Bist gut gebaut
Gleich kriegst du Salz
Und Pfeffer auf die Haut
Drum will ich dich entzweien.

Schau her! Geflügelschere!
So komm ich dir
In die Quere
Und schneide dich in vier
Portionen, möglichst gleich groß.

In Butter wirst du gebraten
Kurz wird es heiß!
So geraten
Keulen goldgelb statt weiß.
Poularde, jetzt geht es los!

Einhundert Gramm Estragon
Geb' ich hinzu

Mach' mich davon
Schmurgle sanft! Und in Ruh'
Schönste aller Poularden.

Geflügel – hier spricht dein Koch:
Eine Sache
Die fehlt hier noch.
Weißt du, was ich mache?
In Sahne sollst du baden.

Poularde, will dich wärmen.
Gleich ist's soweit.

Gäste lärmen.
Vogel, bist du bereit?
Komm zu Tisch! Hui, bist du schwer!

Gut siehst du aus, Hauptgericht.
Herrlich riechst du.
Glück im Gesicht
Langt Tafelrunde zu
Und macht sich über dich her.

Wenn die Poularde wüßte
Wie ich mich nun
Mit ihr brüste:
»Das war ein feines Huhn!«
Alle Freunde stimmen zu.

O Poularde! Kompagnon!
Du bist perfekt
In Estragon
Wie nach »noch mehr!« das schmeckt!
Poularde: Mmmmmh bist du.

Carola Rönneburg

Die Postkarte

Aus Roma aeterna
grüßt Euch Euer Werner

Eckhard Henscheid

Premiere

Schaubühne: Schon zum dritten Mal
schrillt im Foyer das Startsignal
schnell auf die Plätze, in den Saal!

Tuschelwisper
raschelknister
»Aah, jetzt wird es dunkel —«
»Psst!«

Vorhang auf: Held schreitet stumm
und viel zu lang vor Publikum
orientierungslos herum

Husthusträusper
knackknarzseufzer
»Der weiß nicht weiter, guck mal —«
»Psst!«

PAUSE

Kein Skandal: Held hechtet nackt
von links nach rechts, vom Wahn gepackt
das kennt man schon vom ersten Akt

Kichergrummel
gähngebrummel

»Daß dem nicht kalt wird –«
»Pssst!«

Schlußapplaus: Held starb recht gut
Parkett klatscht matt, doch Loge buht
Hauptdarsteller rast vor Wut

Murmelschnatter
klimperratter
»Gott, da sind Schulzes. Wie die –«
»Pst!«

Carola Rönneburg

Quarkbrot-Moritat

Der Tote in der Eiger-Wand,
den man nach vielen Jahren fand,
hielt noch das Quarkbrot in der Hand,
die Finder waren außer Rand ...

Quarkbrote in der Eiger-Wand,
sind eher selten, wie man fand.
Begrub's darum mit großem Tand,
Na, wo schon? In der Eiger-Wand.

Und eine Kunde ging durchs Land,
wo's Quarkbrot seine Ruhe fand.
Von nah und fern kam man gerannt.

Quarkbrote gab's an jedem Stand.
Der Tote in der Eiger-Wand?
Der hängt noch da, wo man ihn fand.

Frank Schäfer

Der Schmerzpatient

*Eine Warnung in 13 Päckchen
meinem Zahnarzt gewidmet*

I. Einleitung

Unten rechts der Backenzahn
Hat entsetzlich weh getan
Doch man hat ganz raffiniert
Alle Schmerzen ignoriert.
Hat auf Nelken gebissen. Mit Schnaps gespült.
Ins Kissen geheult. Gewimmert. Gebrüllt.
Pillen gefuttert – zwanzig Tabletten!
(Die einen beinah erledigt hätten.)
Hörte sich an vielen Tagen
solchen Kokolores sagen:
»Ich bin nicht so weit – verstehst du? – mental!«
Doch die Wurzel der Feigheit war simpel dental.

II. Hauptteil

Wenn man zu spät zum Zahnarzt rennt
Heißt es: »Aaah, ein Schmerzpatient!«
Der Zahnarzt hat dann routiniert
Den Quell der Qualen extrahiert
Hat das rasch und gut erledigt
Leider auch Moral gepredigt:
»Junger Mann, ich bin verwundert
Waren Sie in diesem Jahrhundert

Schon mal beim Zahnarzt? Nein? Nicht wirklich?
Und erst, wenn's zu spät ist, bequemen Sie sich?
Ich will Zähne retten, nicht Zähne ziehn! –
Sie bekommen dann einen Folgetermin.«

III. Schluß

Man erträgt seine Rede in Zerknirschung und Demut
Und Dankbarkeit – weil das Maul nicht mehr weh tut.

Wiglaf Droste

Schon zum Frühstück Täterlyrik

Süße, leckere Marmelade
Bist so jung und denkst, es sei schade
Um dich. – Welch Unsinn! – Dein Schicksal auf Erden
Ist es, von mir verschlungen zu werden

Mir, mußt du wissen, tut es mehr weh
Als dir, wenn du stirbst, mein kleines Gelee!
Das ist zwar gelogen. (Erwachsene lügen.)
Doch hilft es dem Zweck, über dich zu verfügen.

Du willst dich retten. – Du rettest dich nicht.
Spiel nur die Unschuld mit Engelsgesicht
Versuch noch verzweifelt, mich zu verführen
Als klebrigste sämtlicher Konfitüren:

Mach dir nichts vor – mir ist nicht nach Gnade.
Schrei, wenn du schreien willst, Marmelade!
Adieu, meine Liebe! Nimm dieses als Trost:
Du gehst nicht alleine – du gehst hin auf Toast.

Wiglaf Droste

Sparchoral

Was ist die größte Tugend
der tugendhaften Jugend?
Das ist die Sparsamkeit!

Wir wollen sparsam leben,
wolln unser Letztes geben,
zum Sparen ist jetzt Zeit.

O lasset uns einsparen
an Geld und Geist und Haaren
was irgendwie noch geht.

Es gibt noch viele Stellen
zu viele graue Zellen
an der Universität.

Wie schön ist es zu sparen
wenn man noch jung an Jahren
in dieser reichen Stadt.

Noch schöner ists auf Erden
voll eingespart zu werden
vom Wissenschaftssenat.

Mit uns kann mans ja machen;
das wäre ja zum Lachen
mit uns da wird gespart.

Wir sparen wie die Irren,
wir sparen statt studieren,
wir sparen daß es knarrt.

Wir sparen volle Pulle,
wir sparen Wurst und Stulle
wir sparen Mark und Bein;

wir sparen wie die Narren,
wir sparen, sparen, sparen,
wir sparn uns selber ein.

Berlin, Berlin ist pleite,
wie mancher prophezeite,
Berlin, Du bist bankrott:

Es steigen die Gewinne!
Spar zu! In diesem Sinne –
Himmelarschundzwirnschockschwerenot!

F.W. Bernstein

Der stolze Beutelwolf

Der Beutelwolf, das stolze Tier
Steht mit kühnem Blick vor mir.
Doch schweigt er bloß, wenn ich ihn frage,
Was er in seinem Beutel trage.

Drum fang ich an herumzuraten:
»Ist es vielleicht Sauerbraten
Oder Möbelpolitur?«
Der Beutelwolf, der lächelt nur.

Ich tippe weiter: »Parmaschinken?«
Das Tier beginnt müd abzuwinken.
»Schmieröl oder Tennissocken?«

Der Wolf läßt sich kein Wort entlocken.
»Schillers Werke, Schnittlauch, Lego?«
Doch das Mistvieh wahrt sein Ego.
»Katzenstreu, Jamaikarum?«

Verflixt, der Beutelbalg bleibt stumm.
Fast hab die Stirn ich reinzuäugen,
Um mich selbst zu überzeugen.
Doch bin ich höflich und gescheit

Und respektier die Eitelkeit.

Ich geh und schaue nicht hinein.
(Was wird schon dringewesen sein?)

Jan Kaiser

Ten Ways To Kill A Pope

Erstens mußt du, um einen Papst zu erlegen,
dich auf die Fahrt nach Rom begeben.
Dort jagst du ihm mit Pistolengelärm
eine Kugel ins Zwölffingergedärm.

Auch kannst du, zweitens, um ihn zu schrägen,
einem Papst den heiligen Stuhl ansägen.
Am besten die Beine – aber mit Geschick:
Das bricht einem Papst garantiert das Genick.

Du darfst aber, drittens, ihn zu verräumen
eine päpstliche Audienz nicht versäumen.
So er dann niederkniet zum Gebet,
meuchelst du ihn mit schwerem Gerät.

Viertens sollst du, einen Papst zu schlachten,
auch folgenden Hinweis nicht verachten:
Zieh ihm die Mitra tief ins Gesicht,
dann sieht er die steile Treppe nicht.

Natürlich kannst, fünftens, ihn umzunieten,
du auch einen Schweizer Gardisten anmieten.
Vergold' ihm nur tüchtig die Hellebarde,
daß er den Papst pikst, der Mann von der Garde.

Dann mußt du, um ihn auszuradieren,
einem Papst auch sein Papamobil sabotieren.
Mach also, sechstens, dessen Bremsen mürbe,
falls du willst, daß ein Papst plötzlich stürbe.

Selbst dort, wo Päpste zu Fuß hingehen,
kannst du einem Papst den Hahn abdrehen.
Leg ihm ein Bömbchen unter die Brille,
schon geschieht, siebtens, dein tödlicher Wille.

Achtens kannst du, ihn zu entleiben,
einem Papst auch eine Postkarte schreiben.
So lädst du ihn ein, in dein Land zu kommen,
den heiligen Vater und ebenso frommen;

und kannst also, neuntens, ihn zu empfangen,
ihm gleich auf dem Flugplatz eine langen.
Und das Rollfeld begießt du mit giftigen Säften,
doch hüte dich vor den Sicherheitskräften.

Du kannst zwar, statt ihn tödlich zu verletzen,
auch, zehntens, auf sein Alter setzen.
Mußt dann aber und in Gottes Namen
warten, bis du schwarz wirst. Amen.

Fritz Tietz

Über das Anschaun des Tierfilms

für Rayk Wieland

Das Anschaun des Tierfilms verroht
Den, der ihn anschaut, denn der Idiot
Denkt nur an Tiere, die tödlich bedroht
Sind statt an Freund Mitmensch in seiner Not:
Das Anschaun des Tierfilms verroht.

Das Anschaun des Tierfilms macht geil
Man starrt Frau Gazelle aufs Hinterteil
Schwätzt lüstern und gierig von Köcher und Pfeil
Sucht nur im Voyeurismus sein Heil:
Das Anschaun des Tierfilms macht geil.

Das Anschaun des Tierfilms macht sentimental
Und das heißt soviel wie: Es macht brutal
Macht verlogen, vegan, triefäugig, banal
Und tierlieb wie Hitler, die Menschheitsqual:
Das Anschaun des Tierfilms macht sentimental.

Das Anschaun des Tierfilms macht sielmannrassistisch
Man starrt in den Bildschirm wie Günther der
    Goldfisch
Lobt das Recht des Starken, sozialdarwinistisch
Feiert Neger als Panther, sonntags beim Nachtisch:
Das Anschaun des Tierfilms macht sielmannrassistisch.

So wird man roh, so wird man auch geil
Wird von der ganzen Grütze ein Teil
Wird sentimental, wird sielmannrassistisch
Selbst die Anti-lope bleibt nicht anti-faschistisch:
Ist da denn keiner, der sagt: »Schreib das auf, Kisch!«?

Wiglaf Droste

Uuh, aah, Shushiba

Die Schuhe schob der Shushiba
am Hof zu China einst,
so sanft, wie es nur möglich war:
»Ich mag nicht, wenn Du weinst«.

May Lin, das Mädchen Morgenlicht,
war traurig von Geburt,
seit siebzehn Jahren Schmerzgesicht,
die Zehen zog ein Gurt.

Als Shushiba die Schuhe schob,
da lachte May Lins Herz,
die Füßchen quer hinein er hob,
seit, vor, rück, auf, abwärts.

Lange Puschen, breite Knobel,
Botten, Boots und alte Hobel
vom Vater gab der Shushiba
May Lin, die sich den Spann besah
wie Madame Susi von Hof zehn.
Sie wippte hin und schlappte her,
es quietschte kaum, es klongte mehr:
»Jetzt kann ich endlich mit Dir gehn.«

Am Morgen fand der Kaiser blaß,
auf einem Sohlenberg

den Mandarin, die Tochter naß
vom wilden Schiebewerk.

Zum Kopfabhacken schon bereit,
sah er der Füßchen Klump,
erlöste beide von dem Leid,
der alte Mandshu-Lump.

Befreit von Fesseln zog das Paar,
barfuß und Hand in Hand,
von Phanta bis Malaysia,
wo es die Liebe fand.

Michael Ringel

Eine Verwirrung

Es lebte einst in alten Tagen,
So Kreide, Jura, würd ich sagen,
Es mag auch zweite Eiszeit sein,
Auch laß ich mich auf Neuzeit ein,
Jedenfalls so ungefähr
Zu jener Zeit, ich weiß nicht mehr,
Ein Hengst von stattlicher Statur
Im Städtchen Witten an der Ruhr.

Vielleicht war es auch Neheim-Hüsten?
Wenn wir das nur genauer wüßten,
Oder sogar Wuppertal?
Na, jedenfalls, es war einmal
Ein Tapir frisch und lebensfroh
In Herne oder Gütersloh.

Moment, da komm ich jetzt ins Schwanken.
Ich will mich nicht um Namen zanken,
Doch Pirmasens kommt auch in Frage,
Und wo ich grade Lörrach sage,
Da fällt mir brühwarm wieder ein:
Es muß ein Lurch gewesen sein.

Nun denn, das Schicksal, es schlug zu,
Und zwar war das in Friedrichsruh,

Was wiederum zur Folge hatte,
Daß die just genannte Ratte,
Hals über Kopf Paris verließ
Und bald auf ihren Schwager stieß.

Und der war ganz ein schlimmer Finger.
Man erlebt ja manche Dinger,
Doch was jener angestellt,
Ist einzigartig in der Welt.
Und zwar, hört her, ich lüge nicht,
Ich bring die Wahrheit jetzt ans Licht,
Es stimmt, so wahr ich Kaiser heiße:
Moment ... ich hab's vergessen ... Scheiße!

Jan Kaiser

Vache und Waschzwang

Tief bis über alle Waden
Steht la vache in ihren Fladen

Fühlt sich dabei höchst bequem
Doch dann gibt es ein Problem:

La vache ist scharf auf einen Stier
Sie winkt dem Tier: Komm her zu mir!

Der Stier, der stiert. La vache geniert
Sich ein wenig, weil beschmiert.

Doch sie denkt: Das bißchen Dung
Macht ihm nichts. Ich bin ja jung!

Das Auge aber baggert mit
Der Stier denkt nur: Igittigitt!

Er verweigert seine Gunst –
La vache hat einen bösen Dunst.

La vache entwickelt strenge Gase
Puuh – die Kuh rümpft selbst die Nase.

Verzweifelt steht la vache am Hang
Vor dem Waschen wird ihr bang

Es nutzt ihr nichts – sie muß zur Quelle
Zum Vollbad in die Wasserstelle

Sie bürstet, scheuert sich, und schnell
Steht da la vache wie neu im Fell

Ein paar Tropfen Vacheparfüm
Und der Stier kommt ungestüm

Angestürmt, so wie er sollte
Wie la vache das haben wollte.

Die Stimmung schwenkt von Moll nach Dur
Dieses nennt man auch l'amour.

La vache – zufrieden – merkt sich gut:
Vache braucht Waschzwang, und sie muht:

»C'est si bon« und muht »Je suis
La Waschzwang-vache, la vache qui rit.«

Wiglaf Droste

102

Vom Verdruß

Wie warnte er uns unverdrossen
vor dem politischen Verdruß!
Nun macht er damit Schluß,
verläßt seine Genossen.

Die Politikverdrossenheit,
die er zu geißeln stets bereit,
in dicken Wälzern, in der Zeit
hat ihn jetzt selbst ereilt.

Wie Helmut Schmidt will er fortan
als gescheiter alter Mann:
schreiben aus Pläsir.

Schon jetzt sind zehn Regale voll.
Man rätselt, wer das lesen soll.
Auf jeden Fall nicht: wir.

Epilog

Als ich gestern, ohne Hast
das obige Gedicht verfaßt',
an des Werkes Zeilen feilte,
diese Nachricht mich ereilte:

Das Schreiben füllt ihn doch nicht aus,
es muß auch aus dem Mund heraus,
was er uns hat zu sagen.

Er will nicht kleckern, sondern klotzen,
dauernd aus der Glotze glotzen,
Herr Glotz will geißeln, prangern, klagen.

Ist das nicht zum Kotzen?
Ach was. Doch schwer nur zu ertragen.

Joachim Frisch

Der Wein war ein Gedicht

Kartoffeln schälen
Möhren schaben
Derweil sich schon am Weißen laben.
Fisch beträufeln
Und gelassen
Den Roten abseits atmen lassen.

Tomaten vierteln
Schoten waschen
Na gut – nochmal vom Weißen naschen.
Fischbett machen
Ofen wärmen
Vom Bukett des Roten schwärmen.

Fisch ins Bett
Bett ins Rohr
Schmeckt der Weiße nach wie vor?
Durchaus! Chapeau!
War auch nicht billig
Der Rote riecht extrem vanillig

Geiter Zwang –
Quatsch: Zweiter Gang!
Weißer – bist ein guter Fang!
Wühnchen haschen?
Hühnchen waschen!
Wird daschu der Rote paschen?

Mussich kosten
Junge Junge
Der liegt ewig auf der Zunge!
Tut mir lei – Hicks
Tut mir leiter
Dagegen ist der Weiße Zweiter!

Huhn muß raten?
Braaaten! Rohr –
Fisch vergessen – kommt mal vor!
Kann nix machen
Muß zum Müll
Der Rote macht mich lall und lüll.

Dummes Huhn
Bis morgen dann
Heut leg' ich keine Hand mehr an
Dein Fl – Dein Fl –
Dein tzartes Fleisch
Wo far denn noch die Wlasche gleisch?

Versteckdichnich!
Ich finde dich!
Heutkochichnich heuttrinkichdich!
Da bissuja
Mein roter Bruder
Dadí Dadú Dadí Dadúda!

Fritz Eckenga

Wie der humanistisch gesonnene Kulturästhet seine schlechte Laune bekämpft

Ich wache auf mit derart böser Lau
ne, daß ich gleich irgendeinem in die Fresse hau
e und ihm die blöden Knochen breche
und ihm ein Schmerzensgeld dafür nicht bleche,
der widerlichen Sau!

Sondern ihm noch eins in die Eier zwie
ble, daß er vom Stuhl fliegt auf die Die
le und ihm sein arrogantes Grinsen
vergeht und wirklich keiner mehr noch hinsehn
will auf das dumme Vieh!

Wenn ich ihm dann in die Visage pin
kle und ihm beim höchst mühsamen Weghinken zuwin
ke und langsam gute Laune kriege
weil mir das gut tut, wenn ich wen besiege
ist klar: Der Tag haut hin!

Es ist der Humanist, ja der Ästhet
der weiß, was gute Laune ist und wie sie geht.

Wiglaf Droste

Wurmgewohnheiten

Was stets den frühen Vogel wurmt:
Kommt er des Morgens angeturnt
sein Frühstück aus dem Gras zu ziehn:
Da schnarcht der Wurm noch vor sich hin.

Der Vogel trampelt aufgeregt
die Halme platt, ruft unentwegt:
Würmer! Wollt ihr ewig dösen?
Euch nie von euren Träumen lösen?

Der Wurm geht nämlich spät zu Bett
sitzt vorher noch vorm TV-Set
und schaut sich Hitchcocks »Vögel« an
Weshalb er dann nicht schlafen kann.

Dann raucht der Wurm, trinkt noch ein Glas
summt Wurmmusik und denkt sich was
wird ruhiger, langsam schläfrig auch
dreht 's Licht aus und sich auf den Bauch.

Carola Rönneburg

Bio-Bibliographische Angaben

Wiglaf Droste (* 1961 in Herford/Westfalen) lebt als Schriftsteller und Gelegenheitssänger in Berlin. Seine Texte erscheinen u.a. in der »taz« und werden von Droste auf exzessiven, zunehmend musikgestützten Lesungen vorgetragen. Letzte Buchveröffentlichungen: »In welchem Pott schläft Gott?« zusammen mit Rattelschneck (Hamburg 1998); »Begrabt mein Hirn an der Biegung des Flusses« (Hamburg 1997); »Der Barbier von Bebra« zusammen mit Gerhard Henschel (Hamburg 1996).

Fritz Eckenga (* 1955) ist Autor, Komiker, Musiker und wohnt in Dortmund. Brach mit 25 seine Fußballkarriere ab und ist in dem ziemlich berühmten Ensemble »N8chtschicht« aufgewachsen. Autor, Darsteller von Theater- und Bühnenprogrammen, Tonträger- und Hörfunkproduktionen. Arbeitet regelmäßig für die »taz«-Wahrheit, für den WDR 2 mit dem »Baumarktprofi-Kommentar« und für den SWF-3 mit der Bundesligakolumne »Mein Freund ist aus Leder«. Buchveröffentlichungen: »Kucken, ob's tropft« (Berlin 1997); »Ich muß es ja wissen« (Berlin 1998). Aktuelles Bühnenprogramm: »N8chtschicht, Club N8cht«.

Susanne Fischer (* 1960) lebt als Autorin und Literaturwissenschaftlerin in Hohne bei Celle. Jüngste Buchveröffentlichungen: »Gefälschte Eltern« (Roman, Zürich 1998) und »Versuch über die Sahnetorte. Nützliche Kolumnen im zeitlosen Design« (Berlin 1998).

David Fischer-Kerli (* 1973 in Scherzingen/Schweiz) lebt in Heidelberg. Studium der Soziologie und Politikwissenschaft zieht sich hin. Schreibt SF, die nirgendwo jemals erscheinen wird. Herausgeber der »efc-news«.

Joachim Frisch (* 1956) lebt in Hamburg, ist Sportreporter, Hausmann, freier Autor und Soziologe.

Thomas Gsella (* 1958) lebt als »Titanic«-Redakteur und Autor in Frankfurt/Main.

Eckhard Henscheid (* 1941) lebt in Frankfurt/M. und Amberg. Zuletzt erschien: »10:9 für Stroh«, Drei Erzählungen (Berlin 1998).

Jan Kaiser (* 1976 in Lübeck) begann 1996 sein rechtswissenschaftliches Studium an der Universität Bayreuth. Dort erging er sich in einer freien Mitarbeiterschaft für den »Nordbayerischen Kurier« und veröffentlichte seine Poeme bisher unter anderem im Schweizer Satiremagazin »Der Nebelspalter«. Im Sommer 1998 wechselte er den Studienort mit unbekanntem Ziel. Sein heimlicher Wunsch ist es, einmal so schreiben zu können wie Lothar Matthäus.

Harald Keller liefert als Schreibsöldner Sense und Nonsense für Presse, Bild- und Hörfunk. Experimentiert zudem mit der Fusion von komplexer Materie und kurzweiligen Ausdrucksformen. Bei dem Gedicht »Der Eroberer« handelt es sich ursprünglich um eine Ankündigung des gleichnamigen Films: The Conqueror, Farbe, 110 Min., USA 1956, Regie: Dick Powell, Buch: Oscar Millard, mit: John Wayne, Susan Hayward, Pedro Armendariz, Agnes Moorehead, William Conrad u.a. Buchveröffentlichungen: »Kultserien und ihre Stars« (Berlin 1996); »Kultserien und ihre Stars – Fortsetzung folgt« (Berlin 1997); »Kultserien und ihre Stars – Das Pflichtprogramm« (Berlin 1998).

Joachim Kolloch, ehemaliger technischer Angestellter bei der

Lufthansa, lebenslänglicher Pegasusreiter, Drehgasdreher, Wolkenkratzer und Versebastler, erwarb sich besondere Verdienste im Luftsport.

Stefan Kuzmany (* 1972 in Freiburg/Breisgau) arbeitet als »taz«-Korrespondent in München, schreibt TV-Kritiken, sitzt gerne im Biergarten und vernachlässigt sein Studium. Stammautor der »efc-news«.

Matti Lieske (* 1952) ist seit 1985 Sportredakteur bei der »taz«; veröffentlichte bei KiWi den Reisethriller »Die Katarakte von Iguaçu«; diverse Beiträge für Sport- und andere Bücher.

Ralf Oberndörfer (* 1965) lebt in Berlin und ist Mitarbeiter der Wissenschaftszeitschrift »Faust«.

Max Pörperbein (* 1972 in Köln) lebt seit 1995 in Berlin als Poet, Photograph und Kellner. Werke: »Der blaue Pullover« (Berlin 1995); »Schneckenberge« (Berlin 1996); »Das Algenbuch« (Berlin 1997); »Fast Alles, Slow Nichts« (Berlin 1998); »Who's who at CIA« (Berlin 1998).

Michael Ringel (* 1961) ist Journalist und lebt in Berlin.

Carola Rönneburg (* 1964 in Hamburg) ist seit 1995 »Wahrheit«-Redakteurin in der »taz«.

Frank Schäfer (* 1966) lebt als freier Autor in Braunschweig. Demnächst erscheint (mit Gerald Fricke): »Petting statt Pershing. Das Wörterbuch der Achtziger« (Leipzig).

Monie Schmalz (* 1968) ist freie Übersetzerin und lebt in Berlin.

Georg Solms (* 1938 in Marburg) lebt in Wuppertal und Marburg. Motorradfahrer. Drei Töchter. Einst Architekt. Jetzt Zeichenlehrer.

Fritz Tietz (* 1958) ist Autor und Fernsehschaffender, lebt in

Seevetal bei Hamburg. Buchveröffentlichung: »Und drinnen spielt ein Mongoloidenkapellchen« (Berlin 1996).

F.W. Bernstein (* 1938) zeichnet, macht Gedichte und schreibt Texte auf Papier. Seine Lyrik und Graphik wird zur sog. »Neuen Frankfurter Schule« gerechnet. Er lebt als Pseudonym des Zeichenlehrers Fritz Weigle in Berlin; dieser ist Professor für Karikatur und Bildgeschichte an der Hochschule der Künste. Veröffentlichungen u.a.: »Reimweh«, hrsg. von Eckhard Henscheid (Leipzig 1994); »Die Stunde der Männertränen. Texte auf Papier«, (Berlin 1995); »Achtung! Lesen gefährdet ihre Dummheit« (Zürich 1996).

Rayk Wieland (* 1965) lebt in Hamburg und ist Redakteur von »Konkret«. Zuletzt erschien: »The Neurose of England. Massen, Medien, Mythen nach dem Tod von Lady Di« (Hamburg 1998).

Inhaltsverzeichnis